ESSAI D'UNITÉ LINGUISTIQUE RAISONNÉE

OU

DE LA PHILOSOPHIE DU VERBE

DANS

LA TRINITÉ CATHOLIQUE,

PAR

J. BOUZERAN,

Licencié ès-lettres de l'Académie de Paris, Ex-Professeur de Rhétorique, Traducteur en vers grecs des Fables choisies de La Fontaine, etc., Professeur d'Unité linguistique raisonnée.

Ils sont *trois* qui témoignent dans le Ciel : le Père, le Verbe et l'Esprit-Saint ; et ces *trois* sont *un*. (St-Jean, épit. 1.)

Au commencement était le *Verbe*, et le Verbe était en Dieu, et le Verbe était Dieu ; toutes choses ont été faites par *lui* ; et rien de ce qui a été fait, n'a été fait sans *lui*. (Id. Evang. c. 1.)

Allez donc, instruisez toutes les nations, les baptisant au nom du Père, et du Fils, et du Saint-Esprit. (St-Math. c. 28.)

AGEN,

IMPRIMERIE DE PROSPER NOUBEL.

1847.

ESSAI
D'UNITÉ LINGUISTIQUE
RAISONNÉE

OU

DE LA PHILOSOPHIE DU VERBE

DANS

LA TRINITÉ CATHOLIQUE.

ESSAI
D'UNITÉ LINGUISTIQUE
RAISONNÉE
OU
DE LA PHILOSOPHIE DU VERBE
DANS
LA TRINITÉ CATHOLIQUE,

PAR

J. BOUZERAN,

Licencié ès-lettres de l'Académie de Paris, Ex-Professeur de Rhétorique, Traducteur en vers grecs des Fables choisies de La Fontaine, etc., Professeur d'Unité linguistique raisonnée.

> Ils sont *trois* qui témoignent dans le Ciel : le Père, le Verbe et l'Esprit-Saint ; et ces *trois* sont *un*. (St-Jean, épit. 1.)
>
> Au commencement était le *Verbe;* et le Verbe était en Dieu, et le Verbe était Dieu ; toutes choses ont été faites par *lui;* et rien de ce qui a été fait, n'a été fait sans *lui*. (Id. Evang. c. 1.)
>
> Allez donc, instruisez toutes les nations, les baptisant au nom du Père, et du Fils, et du Saint-Esprit. (St-Math. c. 28.)

AGEN,
IMPRIMERIE DE PROSPER NOUBEL.

1847.

A Dieu,

TRÈS-BON, TRÈS-GRAND,

Père, Fils et Saint-Esprit.

INTRODUCTION.

Nous ne nous arrêterons pas à prouver ici l'utilité des langues. Le savant évêque d'Hippone dit, avec raison, que l'homme étend et multiplie son existence, à mesure qu'il connaît un plus grand nombre d'idiômes ; et l'un des princes les plus éclairés (1) du seizième siècle répétait à ses ministres : « Celui qui sait quatre langues, vaut quatre » hommes. »

D'ailleurs, les efforts persévérants d'une foule d'érudits, pour établir un système d'*Unité* de langage chez les peuples divers, prouvent évidemment l'importance qu'ils attachaient à une si belle découverte. Mais, la voie dans laquelle ils se sont engagés, au lieu de les conduire à ce succès que le public était en droit d'attendre de leur talent et de leurs veilles, a jeté ces hommes éminents dans le domaine stérile de l'illusion.

La préoccupation funeste de vouloir établir l'*Unité Linguistique* sur la ressemblance matérielle des mots, a fait oublier la logique. Ainsi, les philologues ont admis avec empressement, *fluvius*, *fleuve* ; *porta*, *porte* ; *pluma*, *plume* ; *fons*, *fontaine* ; *mons*, *mont* ; etc., etc., grâce à la physionomie à peu près pareille de ces mots ; ils ont curieusement exploré les *idiômes* des anciens et des modernes, dans l'espoir de prouver que leurs paroles sont réellement d'une seule lèvre, selon l'expression de l'Écriture (2), et il est vrai de dire qu'ils ont, en partie, réussi pour les langues d'imitation chez les peuples *copistes* (3), tels que le français, l'italien, l'espagnol, l'anglais, tout chargés des dépouilles du latin et du grec. Mais aussi, combien de mots rebelles leur échappent dans ces idiômes de l'Europe, surtout dans les langues

(1) Charles-Quint.

(2) Genèse, Ch. 7.

(3) Voyez Court de Gébelin, de Brosses, MM. Latouche, Eikhoff, etc., parallèle des langues.

de l'Orient, et qu'ils ne peuvent faire entrer dans leur cadre synoptique, malgré la hardiesse et même la licence connue de l'étymologie? Que devient alors le système de ressemblance matérielle, où les exceptions dévorent la règle générale?

Admettons néanmoins cette hypothèse que détruisent partout et à chaque instant des faits positifs : *le langage des peuples se ressemble.* Que suivra-t-il de cette concession gratuite? Supposons que tous les peuples ont dit : *porta*, (porte), afin de désigner cette ouverture qui introduit dans une maison : Aura-t-on, pour cela, expliqué rationellement les trois consonnes qui composent ce mot? En aura-t-on donné le *pourquoi logique?* Ce sera simplement un fait constaté que tous les hommes auront dit : *porta*, (porte); mais, encore une fois, où prendrons-nous le motif plausible, concluant, sans réplique?

Donc, l'*Unité* de langage, par voie de ressemblance, cette chimère qui a tant séduit les philologues, n'avancerait en rien la science; il resterait à demander, pour tous les mots de cette langue universelle, le pourquoi *logique* des consonnes, et il faudrait nettement y répondre.

Croit-on, d'ailleurs, que cette ressemblance matérielle se fût longtemps maintenue? Elle n'exista momentanément que dans une société naissante, alors que la famille, peu nombreuse encore, était pour ainsi dire réunie sous les yeux du père qui lui avait communiqué la parole avec la vie Mais, dès que la dispersion devint nécessaire, par la multiplication même des individus, ou par les motifs assignés dans l'Écriture, la ressemblance *matérielle* du langage s'altéra bientôt, et dut interrompre, au moins partiellement, la communication de peuple à peuple.

En effet, les hommes, en se répandant sur la terre devenue leur héritage, ne possédaient qu'une langue bornée et assez pauvre. Les progrès successifs dans les sciences et dans les arts, firent naître à la fois chez ces jeunes sociétés isolées, des expressions nouvelles pour désigner de nouveaux objets; comment, alors, se serait conservée la ressemblance matérielle du langage? Comment ces peuples séparés par des intervalles immenses, auraient-ils pu se rencontrer dans une combinaison *identique* de consonnes et de voyelles? Comment auraient-ils pu se consulter et s'entendre? Quel peuple eût été assez puissant pour imposer à un autre ses expressions, et pour lui interdire jusqu'à un certain point le langage, type de nationalité, dont l'homme est ordinairement si jaloux? Comment, enfin, aujourd'hui même, dans l'expression de la même idée, l'arabe, l'allemand, le turc, etc, ne se rencontrent-ils pas? Il était donc impossible que la ressemblance matérielle du langage se maintînt chez les divers peuples.

Mais, disent plusieurs étymologistes, une partie du langage n'est-elle pas, du moins, hors de toute discussion? Qui oserait mettre en doute la *légitimité* de l'*onomatopée,* cette peinture si vraie d'un son qui frappe l'oreille et que reproduit une heureuse combinaison de voyelles et de consonnes?

A cela nous répondons : 1° l'onomatopée n'est pas la même chez les peuples, bien que les sons de la nature, ou le bruit des instruments retentisse partout de la même manière.

Le *sifflement* du vent, par exemple, qui résonne semblablement dans les différentes contrées du globe, se dit : en latin, *sibilare;* en grec, *surisscin,* en allemand, *pfeifen,* en anglais, *whistle;* pourquoi donc, l'oreille de l'homme recevant la même impression, sa bouche n'est-elle pas d'accord avec son oreille chez tous les peuples?

2° L'onomatopée est soumise à un double contrôle : d'abord, pour justifier son nom, elle doit reproduire le son qui a frappé l'oreille; c'est là première condition de son existence; puis l'onomatopée doit, comme les autres mots, rendre un compte *logique* des consonnes qu'elle emploie, et prouver que ces consonnes, par leur *nature,* sont en rapport avec la *nature* de l'idée qu'on a voulu exprimer. Ainsi, loin d'être un mot priviligié, comme on le croit généralement, l'onomatopée est toujours sujette à la double critique de l'oreille et du raisonnement. (1)

Comme il est aisé de le voir, d'après ce qui précède, les Philologues ont erré, en poursuivant une ressemblance *matérielle* de langage qui n'a jamais existé que fort peu de temps; de plus, ils ont négligé le *pourquoi logique* des consonnes, seul capable de donner du problème une solution générale et régulière.

C'est donc à la découverte de ce *pourquoi logique* négligé

(1) Voir cet article, page 12.

ou méconnu que nous allons travailler, et fonder ainsi l'*unité* linguistique raisonnée sur ce principe incontestable : *qui veut la fin, veut les moyens proportionnés à la fin ; qui veut la même fin, veut les mêmes moyens, ou des moyens équivalents.*

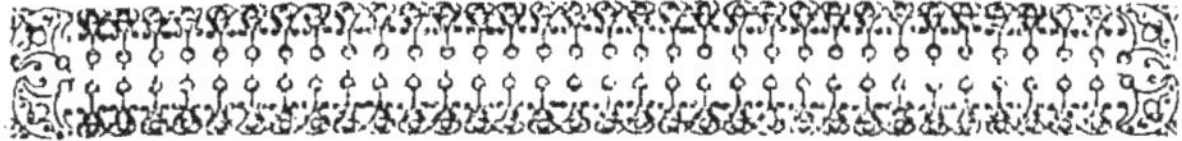

ESSAI
D'UNITÉ LINGUISTIQUE
RAISONNÉE
OU
DE LA PHILOSOPHIE DU VERBE
DANS
LA TRINITÉ CATHOLIQUE.

DES TROIS UNITÉS GÉNÉRALES.

1° Les peuples possèdent tous le *même* alphabet, sinon quant à la forme des lettres, du moins quant au nombre et à la prononciation, puisque, avec notre alphabet, nous traduisons exactement celui des autres peuples; il y a donc *unité* d'alphabet chez les hommes.

2° Les peuples sont *tous* d'accord sur la définition des objets, comme nous le prouvent les dictionnaires. Un *arbre*, un *vallon*, un *fleuve*, une *montagne*, un *couteau*, une *maison*, une *porte*, un *habit*, etc., reçoivent partout la même définition, parce qu'ils se présentent à l'homme sous le même rapport, ou qu'ils servent aux mêmes usages. Il y a donc *unité* de définitions chez les peuples.

3° Les parties du discours connues sous la dénomination d'*article*, *nom*, *adjectif*, etc., existent forcément dans *toutes* les langues, et ont *partout* le même emploi. Il y a donc *unité* de parties du discours chez tous les peuples.

Voilà trois sortes d'*unités* qu'on ne saurait raisonnablement contester. Examinons maintenant, d'une manière spéciale, si avec l'*unité* d'alphabet, l'*unité* de définitions et l'*unité* de parties du discours, il n'y a pas aussi chez les peuples *unité* de linguistique.

PRINCIPE DE L'UNITÉ LINGUISTIQUE

RAISONNÉE.

L'unité linguistique *raisonnée* repose sur la *Trinité*, fondement de tout ce qui existe dans la nature comme dans les arts.

La *Trinité*, si longtemps méconnue, (1) bien qu'elle existe nécessairement partout, consiste dans le *Principe*.

Le *Principe* suppose la conséquence et le lien lo-

(1) Cette ignorance d'une vérité si simple, si universelle, fera, à jamais, la honte de l'humanité. Après six mille ans, enfin, malgré la création, malgré les paroles si explicites du Christ, nous entrevoyons la *Trinité*.

gique qui les tient en rapport et les unit indissolublement. (1)

Telle est la loi constante et générale des êtres ; ils n'existent que par voie de subordination, c'est-à-dire de principe et de conséquence, de cause et d'effet, de producteur et de produit, de tout et de partie, de grand et de petit, de contenant et de contenu, de Père et de Fils, en un mot, de *Créateur* et de *Créature.*

Il y a trois sortes de *Trinités* : la *Trinité* céleste ou primitive ; la *Trinité* terrestre ou créée ; la *Trinité* artificielle.

La *Trinité* céleste se compose du Principe *éternel*, de la conséquence *éternelle* et du double lien logique *éternel*, parce que le vrai principe existant de sa nature, (2) ne saurait avoir de commencement. Or, un Principe *éternel* a nécessairement une conséquence *éternelle* et un lien logique *éternel*, parce qu'un Principe ne peut et ne doit prendre ce titre que

---

(1) Un *Etre*, dans l'acception rigoureuse du mot, possédant une existence pleine et entière, est forcément soumis à la loi *Trinitaire* ou de production, sans quoi il serait impuissant, hypothèse absurde, même pour un instant de raison. Ainsi, l'*Etre* que nous appelons *Dieu*, éternellement puissant et fécond, a une conséquence éternelle comme son principe. Cette manifestation de puissance devient nécessaire parce que l'existence ne se prouve point directement, mais, par voie intermédiaire ou de témoignage. A l'œuvre seulement on connaît l'ouvrier ; au Fils seulement on connaît le Père; par la relation qui les tient enchaînés dans l'unité d'une même nature ; car, un *Etre* qui se développe, ne peut que développer et étendre sa nature essentiellement *une*. Donc, Dieu est *un* et *triple* à la fois dans ses modifications nécessaires de Père, de Fils et de relation.

(2) Je suis celui qui suis. (*Exode*, *C.* 3.)

tout autant qu'il a une conséquence *coexistante* et un rapport ou lien logique également *coexistant*, sans quoi, le Principe et la conséquence se trouveraient un instant séparés, ce qui est absurde.

Il suit de là que la *Trinité* éclate tout entière par chacune de ses *trois* modifications essentielles. En effet, nommer le Principe, c'est nommer aussi la conséquence par le lien ou rapport logique; nommer la conséquence, c'est supposer le Principe, encore par le lien logique; énoncer le lien logique, c'est exprimer le Principe et la conséquence, un lien logique ne pouvant unir que deux choses de *même* nature, lesquelles, dès-lors, ne font qu'un *seul* et *même* être. (1)

La *Trinité* périt également tout entière par chacune de ces trois modifications distinctes et essentielles. En supprimant le Principe on supprime aussi la conséquence et le lien logique, et réciproquement.

Donc, la *Trinité* céleste est *une*, parce que le Principe est *un*, et ne peut développer que lui-même dans une seule et unique conséquence. Ainsi, une source, quand elle coulerait de mille côtés, ne laissera jamais échapper qu'*un fleuve* dans une eau de *même nature* que celle de la source.

La *Trinité* secondaire ou créée est celle que nous voyons ici-bas chez l'homme, chez les animaux,

---

(1) L'église romaine est la seule société religieuse qui, depuis dix-huit cents ans, proclame et défende la *Trinité*, l'unique vérité possible; donc cette église est le centre de la vérité et du salut.

chez les plantes, etc., qui se trouvent dans les conditions rigoureuses, inévitables de la *Trinité* primitive, par voie de principe et de conséquence (1), de manière que s'accomplit encore régulièrement cette loi proclamée dès l'origine du monde : « dilatez-vous, « et fructifiez, et remplissez la terre, selon vos « semences et vos espèces. » (2)

La *Trinité* artificielle est fondée également sur l'idée de *Principe*. Cette *Trinité* ne convient guère qu'à l'homme, les animaux (irraisonnables) ne travaillant que peu ou point. Un architecte bâtit une maison, et cette œuvre remonte à lui seul, par le lien ou rapport logique ; Racine compose une tragédie, et cette pièce lui appartient exclusivement.

Ainsi, tous les ouvrages de l'homme, comme ceux de la nature, comme ceux du *Principe*, dans ses opérations les plus intimes, reposent sur l'*auguste et sainte Trinité.*

Tout être offre donc, par l'idée, trois modifications nécessaires, ou il n'existe pas. Le dilemme suivant le prouve d'une manière péremptoire : un être est *Principe* ou bien conséquence, or, la *Trinité* se réveille tout entière par chacune de ses trois modifications *essentielle* de *Principe*, de *conséquence* et *lien logique ;* donc, qu'un être soit Principe ou conséquence, il présente toujours une idée triple,

(1) L'*Éternité* à part.
(2) Genèse, ch. 2.

par la relation ; donc l'être est *triple* et *un*, tout ensemble.

Cette attention vigilante de la Providence à mettre les causes secondes ou effets dans une condition semblable à la sienne, fait qu'elle rattache ainsi la création à son existence souveraine, et oblige l'homme, son œuvre de prédilection ici-bas, animé de son souffle divin, à voir incessamment cette grande et indissoluble relation qui ne lui permet en aucune manière de s'isoler de son *Dieu*. Car, si dans la plus infime espèce de créatures, la *Trinité* venait à se rompre ; si la conséquence brisant la relation logique, était assez puissante pour se soustraire à son principe régulier, le Créateur devrait craindre pour lui-même, et trembler que son propre *Fils* ou *Verbe* éternel ne lui échappât avec tout le reste. (1)

Un producteur ou *Principe* n'a jamais qu'*un produit* ou *conséquence*, parce que le *Principe* qui est un de sa nature, ne peut, quoiqu'il fasse, développer autre chose que lui-même. De là vient que dans la *Trinité* céleste ou primitive, il n'y a qu'un fils *unique*. Ainsi, Adam, le père des hommes, doit dire logiquement de l'espèce humaine en-

---

(1) C'est comme on le voit, de la *Trinité* que découle la vraie propriété : peut-on contester au père son fils, à l'arbre son fruit, à l'ouvrier son œuvre ? C'est contester à un être son *unité*. De la *Trinité* naît encore le catholicisme, le fils étant de la même nature que le père, au physique et au moral. Ainsi, les hommes se ressemblent quant à la forme, ainsi les lions, les éléphants, les chênes, etc., etc., et reviennent forcément à l'*unité*.

tière : c'est mon fils ou conséquence ; ainsi, le pommier voyant tous ses fruits réunis autour de lui, doit dire : ce fruit est mon fils, mon produit, ma conséquence, c'est *moi* (1)

Un producteur, s'il ne veut pas s'anéantir, ne livre à son produit qu'une *idée* ou connaissance, celle de lui-même. En effet, un producteur qui permettrait à son produit de connaître logiquement un autre objet comme producteur, égarerait son produit qui remonterait ou pourrait remonter à un autre que lui. Il y aurait double anéantissement ; celui du producteur qui n'aurait plus son œuvre, et celui de l'œuvre, qui, manquant de son point d'appui ou de départ, flotterait, pour ainsi dire, entre deux néants, sans jamais arriver à sa fin qui est le *Principe*, d'après cette belle parole du Christ : je suis l'*alpha* et l'*oméga*, c'est-à-dire le commencement et la fin.

Un producteur ne pouvant livrer qu'une idée ou connaissance à son produit, ne peut, non plus, lui confier qu'un *mot* ou *Verbe*, parce que le produit, participant nécessairement de la nature de son producteur, n'a pas un nom distinct de celui du producteur. Toutes les parties d'une pièce de marbre divisée à l'infini, s'appellent chacune marbre, du nom de leur producteur commun.

Le produit, à son tour, par son existence même, proclame son producteur au moyen de la relation lo-

---

(1) Vous ne croyez pas que je suis en mon père, et que mon père est en moi ! (*St.-Jean*) Mon père et moi nous sommes un.

gique. Si Raphaël a fait mille tableaux divers, ceux-ci remontent tous à Raphaël, et ne proclament rigoureusement que ce peintre à l'exclusion des autres. Ils sont autant de témoins ou *Verbes* muets, mais éloquents, de la puissance et de la fécondité de leur producteur.

Que si le produit est doué d'intelligence, il possède le *Verbe* articulé ; il devient double témoin de son auteur, par son existence et par le *Verbe* ou parole, expression fidèle de l'intelligence. C'est là précisément la condition privilégiée de l'homme.

Doué d'intelligence, l'homme n'a donc qu'un *Verbe* articulé ou parole qu'il prononce sans cesse pour attester son créateur ou *Principe* ; ce *Verbe* ou parole est le nom sacré du *Principe* qui a dû graver ce nom sur toutes ses œuvres, de même que Raphaël a dû logiquement inscrire son nom sur *tous* ses tableaux, pour sauver son titre *incommunicable* de producteur.

Un effet ou produit parle toujours sa cause ou producteur avec un *Verbe* à la *troisième* personne du singulier du parfait.

La raison logique de cette nécessité est qu'un produit doit exister pour témoigner son producteu ; celui-ci a besoin d'un produit ou conséquence qui remonte à lui, pour prendre légitimement le titre de producteur ou *Principe*. Ainsi, l'action a eu lieu, a été faite au moment où le produit parle et atteste ; son *Verbe* doit donc être au passé. Le *Verbe* est ceci : *Il a fait, produit, éclaté, créé*, etc., etc. (1)

(1) Tous les *Verbes* hébreux commencent par la troisième personne

ALPHABET NATUREL ET GÉNÉRAL.

L'alphabet naturel se divise en trois touches horizontales, dont l'une est dans le gosier, l'autre dans les dents, la troisième dans les lèvres. Ces touches, qu'on appelle gutturale ou du gosier, dentale ou des dents, labiale ou des lèvres, vibrent et résonnent, en grande partie, au moyen de la langue qui leur sert, pour ainsi dire, d'archet.

TOUCHES

Gutturales : K (1) = kh = g = j = h = y = u = r = l = n (2).
Dentales : T = th = d = s.
Labiales : P = ph = f = b = v = m.

VOYELLES

a, e, i, o, u,

(Souvent aspirées en tête d'un mot.)

Accord logique de l'alphabet avec l'idée.

---

singulière du parfait. Elle est comme le pivot sur lequel roule le *Verbe* entier, ce qui est très-remarquable, et prouve, sans réplique, que cette langue est la première que l'homme a parlée, au moyen de la révélation directe ou de la science infuse. Du reste, cette troisième personne singulière du parfait embrasse le présent et l'avenir : La cause a produit, donc elle produit ou peut produire encore; donc elle produira, ou pourra produire toujours, une cause ou existence *principe* étant inépuisable de sa nature.

Aussi, le *Verbe* fameux de Jehova, chez ce peuple, comprend-il les trois époques : le passé, le présent et l'avenir; ce qui revient à la perpétuité ou unité. Observons également que, chez les Hébreux, les *Verbes* sont trilitères ou composés de trois consonnes, à très-peu d'exceptions près.

(1) Ce signe (=) veut dire *égale*.

(2) *y* et *u* s'aspirent toujours au commencement des mots.

L'idée, comme nous l'avons prouvé, étant *triple* dans ses modifications essentielles, par la relation logique, l'alphabet est aussi triple dans ses éléments (consonnes); l'idée étant *une*, parce que la *Trinité* ne se divise pas à cause du *Principe* qui fournit la conséquence et le lien logique, l'alphabet est *un* à son tour, par la prononciation qui a lieu d'une *seule* émission de voix ou syllabe.

L'idée de *Principe* marquant toujours la *force* et *la puissance*, car le *Principe* produit sans cesse sa conséquence, se rend logiquement par des intonations *fortes* et *puissantes*. De cette manière, l'harmonie la plus exacte se trouve entre l'idée et l'alphabet. Ainsi, un musicien voulant rendre le ton commandé par la note qu'il a sous les yeux, monte sa voix ou son instrument à la hauteur précise de cette note, s'il ne veut chanter ou jouer faux. Cette marche est si simple et si évidente, qu'il est inutile d'insister. (1)

Les trois consonnes capitales ou génératrices sont égales. (2)

Les trois consonnes capitales ou génératrices, dans les touches de l'organe vocal, sont égales entre

(1) Ajoutons qu'il n'est pas possible d'établir autrement le langage humain.

(2) Il y a, sur la forme des lettres hébraïques des choses très ingénieuses à dire, sans doute, mais dénuées de logique. Du reste, les caractères se composent toujours de la ligne courbe, et de la droite, partie de la ligne courbe. Ainsi, leur forme est en rapport avec l'idée de cause, la seule qui existe, c'est-à-dire, avec l'idée de grandeur, de contenance, de cercle; un objet est toujours premier ou second, grand

elles. Si, par exemple, la consonne capitale du gosier (k), est destinée logiquement, par son intonation même, à rendre l'idée de force et de puissance, la consonne capitale des dents (t) et celle des lèvres (p), seront appelées églament, dans leur touche respective, à rendre logiquement l'idée de force et de puissance, non moins que la consonne forte et puissante du gosier; donc ces trois consonnes sont de valeur égale.

Consonnes secondaires ou suppléantes.

Un produit ne peut avoir logiquement qu'*une* idée ou connaissance (Voy. pag. 4.); celle de son producteur; un *seul* mot suffit donc pour son langage. Mais, comme dans la création ou dans les arts, le producteur se présente par ses produits sous mille formes diverses et bien distinctes, il a *fallu*, dans chaque touche, des consonnes suppléantes de la consonne forte, pour donner aux mots une physionomie non moins distincte que l'est celle des produits entr'eux, sans quoi, la confusion serait survenue

---

ou petit, père ou fils, principe ou conséquence; en un mot, créateur ou créature. La ligne courbe est donc appropriée *naturellement* aux besoins de notre intelligence et à l'expression matérielle et visible de notre idée. La *courbe pleine* ou *cercle*, existe seule, et Dieu n'a pu nous en permettre d'autre, étant lui-même la *sphère* infinie qui embrasse tout. Ainsi, la calligraphie et même la mathématique en entier, c'est-à-dire, l'arithmétique, la géométrie et l'algèbre ou arithmétique universelle, comme l'appelle Newton, s'occupant de la grandeur en général, sont comprises dans la courbe pleine ou cercle, dont la droite n'est que la partie ou fraction. Car, exprimer la grandeur avec des chiffres, des lettres ou des lignes, c'est, au fond, la même chose.

tout d'abord, et l'homme n'aurait pu s'entendre avec son semblable. Les consonnes suppléantes dans les trois touches sont donc absolument nécessaires, pour prêter au *Verbe* cette flexibilité prodigieuse que réclame la prodigieuse variété des produits ou effets.

Il est vrai que ces consonnes suppléantes sont plus faibles d'intonation que les consonnes capitales. Mais, si elles avaient une intonation égale à celle de leurs génératrices, il n'existerait réellement que trois consonnes, ce qui rendrait le langage inintelligible, ou, pour mieux dire, impossible, faute de combinaisons suffisantes. Ainsi, cette faiblesse relative d'intonation n'est qu'apparente. Ces consonnes suppléantes sont, en effet, et doivent être de valeur égale avec les consonnes capitales, ou le *Verbe* sonnerait à faux, puisque l'idée de force et de puissance, qui s'offre sans cesse à l'esprit de l'homme dans la création ou dans les arts, se rendrait par des intonations dont la valeur serait au-dessous de l'idée; en un mot, l'effet ne serait plus en relation logique avec sa cause, ce qui est absurde.

Aussi, les peuples échangent-ils indifféremment entr'elles, les consonnes de la même touche (1), sans que le mot éprouve la plus légère nuance dans son acception. Parmi des exemples innombrables, nous nous bornerons à en citer quelques-uns dans les trois touches.

(1) Et même les consonnes d'une touche à l'autre; les Grecs ont dit : *hémi* (demi), les Latins, en les imitant, disent : *semi*, et remplacent la gutturale *h* par la dentale *s*.

TOUCHE DU GOSIER, (K).

Tango (toucher) *tactum*; *pango* (unir) *pactum*; *pungo* (piquer) *punctum*; *frango* (briser) *fractum*; *fracture*; *fragile*; *have*, *cave*, etc. Dans ces mots, comme on voit, le *k* passe au *g* ou *j* ou *h*, et réciproquement. (1)

TOUCHE DES DENTS, (T)

Tondre, *tonte*, *tonsure*; *pondre*, *ponte*; *tendre*, *tente*, *tension*; *perdre*, *perte*; *fondre*, *fonte*, *fusion*; *fendre*, *fente*, *fissure*; *ceindre*, *ceinture*, etc., etc. Ici, le *t*, le *d*, le *s*, se remplaçant tour à tour sans difficulté.

TOUCHE DES LÈVRES (P)

Nubo, *nupsi*; *scribo*, *scripsi*; *écrivain*, *capo*, *chef*; *neuf*, *neuve*; *veuf*, *veuve*; *actif*, *active*; *hatif*, *hative*; *sabbathidies*, *same-di*. Ici le *p*, le *f*, le *b*, le *v*, le *m*, prennent la place les uns des autres.

Il suit de là évidemment : 1° que les consonnes d'une touche s'emploient, selon le besoin, la volonté ou l'oreille des peuples, les unes pour les autres; 2° il suit encore que toutes les consonnes des touches, capitales et suppléantes, sont égales entr'elles, attendu que les trois consonnes capitales sont de même valeur, et rendent toutes les trois, *logiquement*, l'idée de force et de puissance.

Tel est l'alphabet naturel et général où tous peu-

(1) On sait que *l*, *n*, ne sont que *r* adouci.

ples puisent toujours logiquement l'expression de l'unique idée qui les frappe sans cesse, celle de *cause*; tel est le cercle tracé dont ils ne peuvent sortir et qui n'embrasse que des intentions fortes et puissantes, parce que l'homme, dans les œuvres de la création ou de l'art, découvre toujours, au moyen de la relation logique, l'idée de force et de puissance, c'est-à-dire, de *Créateur, ouvrier, facteur, producteur, source, père, principe*, la *Trinité* étant indivisible. (1)

Par là l'unité linguistique raisonnée s'appuie sur cette vérité générale déjà citée : *qui veut la fin, veut les moyens proportionnés à la fin; qui veut la même fin, veut les mêmes moyens, ou des moyens équivalents.*

DES VOYELLES.

Les voyelles servent à lier les consonnes qui, sans ce secours, ne pourraient se prononcer. De plus, et cette fonction n'est pas la moins utile, elles donnent à chaque mot une physionomie particulière qui le *distingue* de tout autre, prévenant ainsi la confusion si fort à redouter dans le langage. Le mot *père*, pour citer un exemple, n'a que deux élements consonnes; cependant, grâce au jeu des voyelles et de la place qu'elles vont occuper, ce mot prendra un bon nombre de faces nouvelles et distinctes : *péri, pera, pero, peru, pira, pire, pore, pure, pare,*

(1) Quelques peuples ne prononcent pas certaines consonnes ; mais ils ont les suppléantes dans la touche ; d'ailleurs, ils corrigent ce défaut au contact d'un peuple qui parle régulièrement.

piro, *piru*, *para*, *pari*, *paro*, *etc.* Que serait-ce donc si l'ordre des consonnes (*p*, *r*) était interverti? On aurait, sans obscurité ni confusion : *repo*, *rapi*, *repu*, *repa*, *ripo*, *rapo*, *rupa*, *etc.* Telle est la double et importante fonction des voyelles.

Toutes les voyelles sont *aspirées* puisqu'elles s'échappent de la *cavité* du gosier; par conséquent, elles peuvent être attaquées en tête des mots (1), principalement lorsque ces mots n'offrent pas, en apparence du moins, le nombre de consonnes (*trois*) nécessaire pour exprimer logiquement l'idée qui est *triple* dans ses modifications essentielles (principe, conséquence, relation). Ainsi, *amor* (amour), composé d'une labiale et d'une gutturale (*m*, *r*), s'attaquera préférablement par la dentale qui manque (*t*-*ou th*), et sera considéré comme possédant cette consonne.

Quelquefois les voyelles dans notre langue, et peut-être dans d'autres, précèdent la consonne et semblent en demander une qui les attaque. Tels sont les mots *aguerrir*, qui vient de guerre; *agriffer*, qui vient de griffe; *aguets*, qui vient de guetter, etc. Mais cette voyelle *a* n'est ici qu'une abréviation de la préposition latine *ad* (vers).

ÉQUATIONS.

Pour faire logiquement l'équation des mots, il est indispensable de ramener les consonnes suppléantes

---

(1) *Attaquer* une voyelle, c'est prononcer ou supposer une consonne avant la voyelle : *amor*, *thamor* ou *tamor*.

aux trois consonnes capitales. Cette équation doit se faire d'un coup d'œil, et pour ainsi dire, mentalement. Il faut donc bien connaître l'alphabet horizontal et toutes les suppléantes de chaque touche ; mais ne perdez pas de vue la physionomie particulière du mot tel qu'il se présente à l'œil ou à l'oreille ; seulement il convient de s'assurer que ce mot possède le nombre de consonnes impérieusement réclamées par la nature de l'idée. L'étude de l'alphabet demande une heure au plus ; bientôt même l'équation se fait si rapidement qu'on ne s'en aperçoit pas.

Les mots suivants contiennent le nom *sacré*, *unique*, par les consonnes capitales ou autres : *mont*, *mort*, *mante*, *mande*, *mont*, *moins*, *bord*, *fort*, *port*, *part*, *fosse*, *pas*, *puits*, *puis*, *tombe*, *temps*, *bruit*, *brut*, *fuit*, *fût*, *corps*, *pouls*, *fat*, *plat*, *muid*, *blond*, *bond*, *perd*, *table*, *battre*, *bout*, *ceps*, *rompt*, *front*, *fronde*, *faute*, *etc.*, *etc.* Mais si ces mots représentent le mot *type* (*caput*) (1), c'est qu'ils réveillent la même idée que le mot *caput* (tête, principe, père, supérieur, source d'où tout s'écoule et s'échappe (2).

Assez souvent un mot n'a que deux consonnes : on doit alors, pour obéir à l'idée qui est *triple* dans ses modifications essentielles, (cause, effet, relation) supposer que le mot se compose de la consonne as-

(1) Nous adoptons le mot *caput* parce qu'il a les *trois* consonnes mères ; mais on pourrait en prendre un autre, tels que : *pacte*, *copto*, *topique*, etc.

(2) Nous le prouverons dans les cours publics et par les dictionnaires.

pirée de l'une ou de l'autre touche; on complétera ainsi logiquement les consonnes. — Exemple : *pas*, *sur*, *per*, *pro*, *etc.*, n'ont que deux consonnes, en apparence; au fond, ils en ont trois, puisque dans chaque touche il se trouve une consonne aspirée ou double. Ainsi le mot *pas*, revient au moyen du *ph*, de la touche labiale, à *phas*, ou *p k t*; il est donc, par le moyen légitime de la suppléance, dans les conditions qu'exige la nature de l'idée.

Voilà, dans ses détails, l'accord logique de l'idée et de l'alphabet, où tout se prête nécessairement aux lois de l'harmonie, de l'*unité*, à laquelle tendent la création aussi bien que les arts, comme vers une fin inévitable.

BUT DE L'UNITÉ LINGUISTIQUE RAISONNÉE.

Le but premier de l'unité linguistique raisonnée est de prouver mathématiquement à l'homme que, par son idée et par son *Verbe*, il pense, il parle toujours sa cause ou *Principe*, en prenant pour point de départ l'effet ou conséquence qui, au moyen de la relation logique, le reporte forcément vers son Créateur.

De là coulent la science et la religion qui ne procèdent l'une et l'autre que par conséquence et principe dans une éternelle unité. Car le *Principe*, se développant dans une conséquence unique (pag. 4), ne peut développer autre chose que lui-même.

Le but second est de répandre efficacement sur l'éducation des hommes l'influence religieuse si nécessaire au bonheur des états, des familles et des particuliers.

Le but troisième, enfin, est d'enseigner aux peuples la simple et pourtant admirable philosophie du *Verbe*, et de donner, à la jeunesse spécialement, une facilité non moins rapide qu'attrayante pour la connaissance des divers idiômes que les fréquentes communications inter-nationales ont rendue nécessaire. (1)

ONOMATOPÉE (2).

L'onomatopée reproduit un son par un heureux assemblage de consonnes et de voyelles, et devient ainsi l'écho fidèle du son que l'oreille entend. Elle est sujette à un double contrôle. (Introd. p 3.)

Les mots onomatopiques, tels que : *cliquetis*, *éclat*, *bombe*, *roule*, *courbe*, *tonnerre*, *cri*, *pouf*, *tic*, *tac*, *toc*, *pan*, *siffle*, *gronde*, *pique*, *hurle*, *glousse*, *piaule*, *miaule*, *croasse*, *etc.*, *etc.*, sont beaucoup plus nombreux qu'on ne croit généralement.

Nous osons même affirmer que le *Verbe* de l'homme est tout onomatopique. La raison le veut, le com-

(1) Six à huit séances suffisent pour former un professeur logique dans une langue quelconque, le dictionnaire à la main. Les consonnes qui entrent dans un mot font éclater l'idée qui se cache sous les éléments de ce mot.

(2) Sans la chute, il est certain que le *Verbe*, malgré sa diversité, eût conservé sa vigueur et sa lumière native. Tous les hommes auraient saisi, à la simple prononciation, l'onomatopée que le *Verbe* fait éclater, et n'auraient pas eu besoin d'interprétation ; car, comme dit saint Jean, le *Verbe* est la vie et la vie est la lumière des hommes. Mais la lumière luit dans les ténèbres, et les ténèbres ne l'ont point comprise.

mande. Quelle est l'image qui frappe notre esprit dans les œuvres de la création ou de l'art? N'est-ce pas celle de fécondité, de force, de puissance, d'éclat? Le mot *caput*, qui existe seul, composé d'intonations fortes et puissantes, est donc, par ses éléments consonnes, le plus onomatopique, le plus éclatant; l'idée et l'organe vocal sonnent à l'unisson, l'effet se trouve proportionné avec la cause qui le produit; l'écho retentit d'après l'impulsion reçue; donc, le langage est tout onomatopique, puisque les combinaisons par les consonnes suppléantes reproduisent, d'une manière ou de l'autre, *caput*. Accusons seulement notre inadvertance ou la mollesse de notre prononciation (1).

DÉTAILS UTILES.

DÉFINITIONS, MÉTAPHORES.

Nous avons déjà dit qu'il y a *unité* de définitions chez les peuples (pag. 1); or, les hommes se trouvant forcément sous l'influence de la même idée, comment n'emploieraient-ils pas, pour réaliser cette idée, la même expression ou une expression équivalente, d'après le principe: qui veut la fin, veut les

(1) Il n'y a pas de doute que chaque peuple, avec le *Verbe*, ne croie faire une onomatopée *sensible* et éclatante pour l'oreille et pour l'intelligence. De là l'étonnement qu'ils témoignent en voyant qu'un étranger ne la comprend pas.

moyens proportionnés à la fin ; qui veut la même fin, veut les mêmes moyens ou les moyens équivalents ?

Pour découvrir l'idée que le mot exprime, les définitions sont le guide le plus sûr. Elles marquent précisément le rapport sous lequel un peuple considère l'objet défini. C'est donc aux définitions qu'il faut principalement s'attacher. Elles offrent toutes l'idée de force ou de faiblesse, de supériorité ou d'infériorité, de grand ou de petit, de principe ou de conséquence, de père ou de fils ; de cause ou d'effet, de source ou de fleuve, de créateur ou de créature, etc., etc., ce qui est la même idée, par la relation logique qui ramène ainsi la *Trinité* à l'*unité* (1).

Cependant, les métaphores ou locutions établies chez les peuples, ne sauraient être négligées. Elles viennent à l'appui des définitions, même les plus exactes, et prouvent, jusqu'à l'évidence, que la définition et la métaphore sont d'accord sur le véritable sens d'un mot. Citons des exemples : on demande ce que c'est que l'*amitié*; si la définition nous échappe ou nous embarrasse, voyons quelle espèce de locutions les peuples emploient. Ils disent : je suis *uni*, *lié* d'amitié avec quelqu'un ; je suis *attaché* à cet homme, rien ne *brisera* notre chaîne, etc. On a vu, par conséquent, dans l'amitié, union, attache, lien, nœud, assemblage, c'est-à-dire, l'idée de force et de

(1) Les dictionnaires, rédigés d'après ce nouveau principe, le démontrent surabondamment.

puissance qui doit se rendre logiquement par des intonations fortes et puissantes. Qu'est-ce qu'un *bouclier* ? si la définition est obscure dans notre esprit ou dans le dictionnaires, consultons les métaphores en usage. On dit : l'innocence est un bouclier contre la calomnie ; ce héros est le bouclier de sa patrie, s'armer du bouclier de la foi, etc. On voit donc que le mot bouclier exprime l'idée de couverture, embrassement, grandeur, protection, supériorité, celle de cause, force, puissance pour repousser, écarter, etc.

Ainsi les métaphores en usage chez un peuple marquent certainement, aussi bien que les définitions, le sens très-précis d'un mot. Un peuple entier ne saurait se tromper là-dessus, ni saisir, entre deux objets, un rapport qui n'existerait pas, ou la raison humaine serait, par le fait, renversée dans sa base. (1)

RADICAL.

Dans l'unité linguistique raisonnée, il n'y a qu'un seul radical composé de trois consonnes dont la nature est harmonie avec celle de l'idée qui se reproduit toujours (2). Ce radical se prononce d'une seule émission de voix ou syllabe, (pag. 6) parce que la Trinité se réveille toute entière par chacune de ses modifications nécessaires. (3)

---

(1) Toutefois, il vaut mieux s'en tenir à une définition bien faite.

(2) Ainsi, à proprement parler, il n'existe pas de langue-mère ; chaque peuple fait éclater le verbe *onomatopique* de la manière qui convient le mieux à son oreille ou à son goût.

(3) Qu'on nous pardonne ces répétitions, vû la *nouveauté* du principe.

Les consonnes qui entrent dans ce radical sont ou les consonnes capitales ou les suppléantes de leur touche, ou les unes et les autres mélangées. Il suffit d'être un peu familier avec l'alphabet, pour saisir d'un coup-d'œil ces diverses combinaisons équivalentes qu'exige l'idée par ses modifications presqu'infinies.

Ce radical est toujours *actif*, d'après les lois de la *Trinité*, où l'effet rappelle naturellement la *cause* par la relation. Le fils *passif* suppose le père *actif*; le fleuve passif signale la source active ; le petit passif, ou contenu, rappelle le grand ou contenant actif, etc., etc. La raison logique de l'effet passif, c'est son existence secondaire qui ne lui permet de travail que sous le patronage de la *cause*, d'une existence première, antérieure à la sienne, de laquelle il a tout reçu.

TERMINAISONS.

Bien que les terminaisons ne soient pas d'une grande importance dans l'*Unité linguistique raisonnée*, il ne convient pas, néanmoins, de les négliger tout à fait dans les adjectifs et dans les adverbes. Dans les adjectifs, elles marquent la possession, l'habitude. Exemple : Aimable (terminaison *bilis* du latin), veut dire qui *a*, qui possède la qualité de se faire aimer; honorable, qui *a*, qui possède la qualité de se faire honorer, etc.

Les terminaisons des adverbes (au moins plusieurs) expriment des façons, des modes précis et tranchés, ce qui annonce la partie *distincte*, et, par conséquent, le *tout*. Ex. : *Gaiment*, d'une manière, d'un mode, d'une façon gaie; *librement*, d'un mode ou d'une façon libre. Il faut donc, pour l'habitude ou possession qui rappelle l'idée de *cause*, essentiellement riche et possesseur, les fortes intonations de l'organe vocal, soit par elles-mêmes ou par les suppléantes, ou par le mélange des unes et des autres.

Pour l'idée de partie qui fait revivre l'idée du *tout*, il faudra aussi les mêmes intonations que les précédentes, quel qu'en soit l'ordre dans la bouche des peuples, parce que le *tout* et la *cause* ne font qu'un.

NOMS DE NOMBRE

CARDINAUX, ORDINAUX.

A proprement parler, un nombre seul existe, l'*Unité vivante* essentiellement féconde dans une conséquence de même nature qu'elle, un *Principe* ne pouvant développer autre chose que lui-même (voy. page 4 et ailleurs). Ainsi, tous les nombres viennent de l'*unité* (1) : quatre, huit, vingt, etc., ne sont que *un* répété quatre, huit, vingt fois.

Les noms de nombre cardinaux marquent des quantités *finies*, *déterminées* : trois, six, huit, dix,

(1) Platon s'est trompé en tirant les nombres des astres. Le nombre vient de l'*unité* principe, qui engendre nécessairement la *Trinité*.

etc., c'est-à-dire, des divisions, parties, détails (1), qui réveillent l'idée du *tout*, et demandent des consonnes en harmonie avec cette idée.

Les nombres ordinaux, sortis des cardinaux, désignent aussi des rangs *fixes*, *coupés*, *distincts*, et demandent la même nature de consonnes que les nombres cardinaux, parce que leur *mesure* ou *petitesse* rappelle l'idée de l'immense, ou grandeur *Principe*.

NOMS PROPRES.

Chez les Hébreux, dans les langues sémitiques, chez les Grecs, et même chez les Allemands modernes, presque tous les noms propres sont significatifs, et tirés d'une circonstance particulière de la naissance, des goûts ou des habitudes de l'individu. Simples ou composés, ces noms reviennent aux mots du langage usuel, et se trouvent dans les dictionnaires.

Plusieurs noms propres de lieux rentrent aussi dans la classe des noms communs. Nous citerons, pour la France seulement : Clair-vaux (vallée claire), Vau-cluse (vallée close); Ville-neuve, Ville-Franche, Grand-Ville, etc., etc.

---

(1) Il n'y a pas de nombre qui ne soit susceptible d'augmentation, par l'addition d'un chiffre quelconque. Aussi les mathématiciens sont-ils réduits à la soustraction, c'est-à-dire, à la déduction de la conséquence issue du *principe* réel ou fictif, en ayant soin de rattacher cette soustraction ou conséquence à son *principe*, afin de conserver l'*unité* par la relation logique.

Les noms de quelques plantes, de quelques animaux, se tirent de leur vertu, des armes, des couleurs, des habitudes que la Providence leur a données.

La nomenclature scientifique se soumet assez difficilement à l'examen logique, faute d'une définition exacte et précise. C'est aux savants spéciaux de nous la fournir. Heureusement que la connaissance de tous ces mots est à peu près inutile pour la lecture des auteurs et pour la conversation ordinaire.

MOTS COMPOSÉS.

Tout élève doit commencer uniquement par les mots simples, dans lesquels se trouvent les éléments des mots composés (1).

Les prépositions, en général, forment les mots composés, et ajoutent aux mots simples la modification réclamée par la circonstance. Ex. : Le mot *sensé*, en prenant la préposition négative *in*, fait *insensé*; monter, *dé*-monter; trait, *abs*-trait; rompre, *cor*-rompre, *inter*-rompre, etc., etc. Il suffit de revenir à la signification de chaque mot simple, pour obtenir celle du mot composé.

(1) Le français, l'anglais, l'italien, l'espagnol, et plus d'une fois l'allemand, doivent s'assurer si leur expression n'est pas un *verbe* latin ou grec défiguré. Quant au latin lui-même et au grec, il convient de s'en tenir prudemment au siècle de Périclès et à celui d'Auguste, sans remonter trop haut, de peur que le *verbe*, faute d'une modification précise, n'offrît plus qu'une théorie vague et sans application, ce qui, du reste, ne détruirait pas l'*unité* philosophique du *verbe* chez les peuples. Mais nos dictionnaires lèveront tous les doutes et préviendront les tatonnements à cet égard.

AUGMENTATIFS, DIMINUTIFS.

Les mots augmentatifs et les diminutifs, d'après le nom qu'ils portent, marquent la grandeur ou la petitesse. Ces derniers offrent, par la relation, l'idée de supériorité, de contenance, etc., et veulent des consonnes d'une nature proportionnée avec l'idée.

VERBE (terme de grammaire) (1).

Tout effet, produit, signe, toute manifestation, est un *verbe* ou témoin (voy. page 5) qui proclame son producteur dans la création comme dans les arts; mais nous parlons ici du *verbe* grammatical.

Le *verbe* est le mot par excellence dans toutes les langues, parce qu'il exprime l'action, c'est-à-dire, la force, la puissance, la fécondité. Aussi, l'âme semble-t-elle réserver toute la vigueur de l'organe vocal pour traduire dignement l'idée par le *verbe*; c'est là qu'elle se plaît à faire vibrer énergiquement les trois touches, afin qu'elles se trouvent mieux en harmonie avec l'intelligence. Il n'y a guère que les langues d'imitation, où le *verbe* se rencontre affaibli, mutilé, presque anéanti par le défaut de consonnes (2). N'oublions pas, surtout, qu'un *verbe* doit com-

(1) Tout mot peut et doit se ramener à un *verbe* actif. Dans la définition du mot, il faut prendre le *verbe* qui marque contenance, sortie, échappement.

(2) Le français se trouve, malheureusement, parmi ces langues *corrompues*, sans parler de l'anglais, de l'italien, de l'espagnol, etc, etc.

mencer logiquement à la troisième personne singulière du parfait (v p. 7).

ARTICLES, PRÉPOSITIONS, CONJONCTIONS, ETC.

La plupart de ces mots n'ont que deux consonnes, une seule même, du moins en apparence, comme nous l'avons dit ailleurs. Voilà pourquoi on les désigne communément sous le nom de *particules* (petites parties) du langage. Cependant aussi, plus d'une fois, ces particules résonnent dans les trois touches de l'organe vocal.

Elles marquent toujours l'union ou force, la division ou faiblesse, c'est-à-dire la cause ou l'effet, ce qui exige des consonnes fortes, parce que l'effet, en qualité de conséquence, n'a d'autre nom que celui de son principe. (pag. 5.) (1)

SYNONYMES.

Avec l'*unité* de l'idée qui ne permet qu'un *seul* mot, il est facile de comprendre que tout est synonyme dans l'unité linguistique raisonnée. En effet, qu'un mot exprime le principe, ou la conséquence, ou le lien logique qui les enchaîne réciproquement, c'est toujours la *Trinité*, dont les trois modifications constitutives se réveillent par chacune d'elles, vu que dans la *Trinité* tout marche de front, sans au-

---

(1) L'interjection est un mouvement brusque et subit de l'âme, s'échappant par le *verbe*, dans la joie, dans la douleur, la crainte, l'étonnement, etc.

cune division possible, à cause de l'*unité* de nature du principe qui, ayant tout fourni, n'a pu développer que lui-même.

BEAUTÉ D'UNE LANGUE ; POÉSIE DE L'UNITÉ LINGUISTIQUE RAISONNÉE.

La beauté d'une langue, dans l'unité linguistique raisonnée, consiste à donner à chaque mot simple les *trois fortes* intonations de l'organe vocal, ou les consonnes suppléantes, ou le mélange des unes et des autres.

L'*idée*, nous ne saurions trop le répéter, est *triple* dans ses modifications inévitables, *une* par nature ; un principe devant être forcément fécond dans une *seule* conséquence avec laquelle il se trouve en relation, s'il veut mériter le titre sublime de *principe*.

Les mots suivants, en français, ont le genre de beauté qui nous occupe ici : *part*, *port*, *pont*, *trop*, *plus*, *plat*, *fils*, *bond*, *mort*, *mord*, *fort*, *bord*, *vent*, *etc.*, il est facile de s'en convaincre à la simple inspection.

La poésie d'un mot ou d'une langue, dans l'unité linguistique raisonnée, se reconnaît au grand nombre de consonnes prononcées d'une *seule* émission de voix. Ce luxe d'éléments donne, jusqu'à un certain point, la mesure de la sensibilité d'un peuple ; on voit clairement, à travers son langage, qu'il s'est efforcé de traduire ses impressions par une abondance de consonnes, autorisée et même provoquée par la circonstance.

Le mot grec *blêchros* (faible) est éminemment poétique avec ses six consonnes (1), qui auraient pu se borner à trois, d'après la règle générale et logique. Il en est de même des mots allemands : *schmerz* (douleur), *furcht* (crainte), *glanz* (éclat), *schaktel* (boite), *bringt* (il porte), *schnabel* (bec), *schlakht* (il frappe), etc. Toutes ces expressions sont réellement *poétiques* par la présence même des consonnes qui les composent.

Pourtant, nous devons le dire, cette multitude de consonnes ne peut guère exister dans l'ensemble d'une langue. La plupart des expressions ne renferment que les *trois* éléments logiques, et un peuple doit s'estimer heureux d'offrir, dans la généralité de son idiôme, le nombre des intonations que demande la nature de l'idée (2).

---

(1) Tous les mots que nous citons ici peuvent se prononcer d'une seule émission de voix, en supprimant la voyelle, ce qu'il faut faire souvent pour les mots de deux syllables ; exemple : *caput* (cap't) *bonus* (bon's), *vallis* (vall's), etc., etc. Les consonnes liquides : *l*, *r*, *n*, entrent pour beaucoup dans la poésie d'un mot, par la facilité qu'elles ont de se placer et de se prononcer au milieu des autres consonnes, ex. : *front*, *blond*, *grand*, *plainte*, *fluxion*.

(2) Si le nombre des consonnes nous autorise à juger de la beauté et de la poésie d'une langue, l'absence partielle de ces consonnes nous permet aussi de critiquer tel ou tel mot dans une langue quelconque. Pourtant la critique doit être prudente. Il n'est guère de mots qui n'offrent les trois éléments logiques, au moyen de l'*aspiration* si commune chez les Latins, chez les Grecs et surtout chez les Hébreux, qu'on peut appeler, à juste titre, les pères du langage. D'ailleurs la multitude presqu'infinie des combinaisons exigées par l'idée, semble servir d'excuse à la faiblesse d'un mot.

LANGUES FUTURES (1).

L'unité linguistique raisonnée ne mériterait pas ce nom, si, bornée aux idiômes passés et présents, elle n'embrassait pas aussi les langues futures. Le véritable caractère de l'*unité*, c'est d'être indivisible, universelle ou catholique, et de n'offrir aucune exception.

Rien n'est plus facile que de professer *logiquement* dans ces langues qui n'existent pas encore, et qui sont, pour ainsi dire, ensevelies dans leur néant, jusqu'à ce que l'intelligence de l'homme stimulée par le besoin d'*expression*, aille les en faire sortir, en réveillant le *Verbe*.

On opère sur ces langues à venir, si toutefois elles vivent jamais, vu l'état actuel de l'humanité, comme sur une langue morte ou vivante qu'on n'a pas étudiée (2). Vous demandez comment, dans cinq cents ans, un peuple nouveau nommera, dans une langue nouvelle, cet objet que nous appelons aujourd'hui *chapeau*? Nous répondons hardiment : ce peuple

(1) Il serait facile de former une langue logique et *parfaite* d'après le nouveau principe ; mais qui voudrait l'apprendre, ou qui pourrait s'en servir? Est-il bien sûr, d'ailleurs, qu'on réussirait mieux que par le jeu naturel et spontané de l'organe vocal?

(2) Il est à craindre, au contraire, que du jour où la vapeur et les chemins de fer centupleront les communications commerciales et, partant, de langage, chaque peuple n'efface le trait distinctif de son idiome, et ne parle plus qu'un *jargon* indigne du nom de langue. La confusion arrivera en sens inverse de celle de *Babel* qui fut, après tout, un bienfait pour l'humanité. La seconde *Babel* ne sera que al dégradation du *Verbe*, telle qu'elle existe déjà chez les peuples copistes du midi et de l'occident de l'Europe.

dira, comme nous, *chapeau*, ou bien, il emploiera une expression *équivalente*. Pourquoi? parce qu'il aura forcément du *chapeau* la même idée que nous; parce qu'il sera obligé de donner du *chapeau* la même définition que la nôtre; il lui faudra donc la même expression, ou une expression équivalente, d'après ce principe fondamental : *qui veut la fin, veut les moyens proportionnés à cette fin; qui veut la même fin, veut les mêmes moyens ou des moyens équivalents* (1).

Il suit de là rigoureusement que l'homme, par rapport aux œuvres de la création ou des arts, se trouvant toujours assiégé par l'idée de principe et de conséquence, au moyen de la relation logique qui ne peut se briser, ne saurait s'affranchir de cette idée *mère*, sans violer la *Trinité*; il aura donc toujours dans sa bouche le même alphabet composé d'un *Verbe unique*, en trois éléments *distincts* et cependant *unis*.

Il suit encore (2) que chaque mot réveillera l'*unité* linguistique tout entière, par l'*unité* de l'idée. Aussi, quiconque ne voit pas l'*unité* linguistique tout entière dans chaque mot qu'il prononce, qu'il lit ou qu'il entend, se flatte vainement de la connaître. La *Trinité* est *une*, *indivisible*; donc, qu'un mot signi-

---

(1) Placez un million d'ouvriers sous l'influence de la même idée, par exemple, de faire un *soulier* d'une forme déterminée; ils prendront tous le *même* instrument, ou l'instrument *équivalent*, puisqu'ils veulent obtenir le *même* résultat.

(2) Cet article est des plus importants.

fie principe ou conséquence, ou relation, il ressuscite, par cela même, tous les détails, comme tout l'ensemble du langage.

DE LA DIFFÉRENCE DES LANGUES.

La principale différence des langues consiste dans la faculté logique et dans la nécessité où sont les peuples d'employer indistinctement (voy. pag. 8) les touches de l'organe vocal pour le commencement, le milieu ou la fin des mots. Mais un élève, un peu exercé à l'alphabet, s'aperçoit aisément que cette différence est plus apparente que réelle. D'une manière ou de l'autre, le mot *sacré*, incommunicable, revient obstinément par l'influence de l'idée qui s'obstine à se reproduire.

D'ailleurs, la prononciation plus ou moins articulée, selon les pays ou les habitudes, accroît encore l'illusion à cet égard. La prétendue différence dont nous parlons, disparaît complètement dans les livres.

Souvent aussi, un peuple rend par un mot simple l'idée qu'un autre exprime avec un mot composé, ou même, avec une périphrase, qui revient presque à la définition. En allemand, *ennemi*, se dit : *feind*; en grec, *ekthros*; ces deux mots sont simples; mais le latin, non content de *hostis*, a dit : *in-imicus*, *adversarius* qui sont l'un et l'autre composés.

Manière de s'assurer rationnellement de l'Unité parmi les mots de plusieurs langues.

On sait que l'intelligence du mot et sa définition

doivent toujours précèder le *Verbe*, fidèle écho de l'intelligence, comme dans la musique, la note précède la voix ou l'instrument qui traduit la note d'une manière rigoureuse, afin que l'effet se trouve en rapport *harmonique* avec sa cause.

Mais, ici, nous nous bornons à la partie matérielle, aux éléments (consonnes) qui entrent dans les mots ; il convient, surtout, que l'élève s'habitue à saisir, d'un coup d'œil, cette *unité* fondamentale qui existe et persévère au sein de tant de variété ; il doit toujours voir le mot *type (caput)*, soit par lui-même ou par les consonnes suppléantes, quelle que soit, d'ailleurs, la physionomie de ce mot.

Voici quelques exemples où la même idée est rendue chez quatre peuples, par une expression différente :

Français...	Il fait (1).	Pleure.	Frappe.	Porte.
Allemand..	Macht.	Veint.	Schlacht.	Bringt.
Latin......	Fecit.	Plorat.	Pulsat.	Fert.
Grec.......	Praxé.	Clavsé.	Païssé.	Oïssé (asp. ph)
Français..	Fuit.	Prend.	Pousse.	Répand.
Allemand..	Lauft.	Nehmt.	Vachs.	Giessen.
Latin......	Fugit.	Capit.	Parit.	Fundit.
Grec.......	Feuxé.	Lepsé.	Bryssé.	Khceuvsé.

Dans ces diverses expressions, dont quelques-unes sont *poétiques*, (2) on reconnaît d'abord le mot fondamental *caput*, soit par ces consonnes mé-

---

(1) Le français ne compte pour ainsi dire pas ; non plus que l'italien, l'espagnol, etc., qui ne sont qu'un latin *corrompu* : Le mot *vrai* est ici non pas *fait*, mais *factor*, v. article *radical*, pag. 13.

(2) Voir poésie du langage, page 17.

mes, soit par les suppléantes, ou par le mélange des unes et des autres ; une connaissance, même superficielle de l'alphabet le prouve évidemment ; chaque peuple justifie son *Verbe* par une équation mathématique d'éléments ; et arrive ainsi à l'*Unité*, à travers une admirable variété.

Pour plus d'éclaircissements, s'il est possible, supposons que le latin avec son *ex-pression* (1) *facit* conteste à l'allemand et au grec la légitimité de *macht* et de *praxé :* d'abord, il conviendra que le latin prouve la bonté logique du mot *facit* qui est le sien. Mais, comment arrivera-t-il à cette preuve devenue nécessaire pour lui dans la circonstance ? Il dira, sans doute : l'idée qu'exprime le mot *facit* (fait), est celle de la puissance, de la force, de la fécondité, etc. ; car, pour faire, c'est-à-dire, contenir et laisser échapper, il faut être fort et puissant ; or, cette idée de force et de puissance exige les fortes et puissantes intonations de l'organe vocal ; donc, le mot *facit* est légitime et logique, puisque ces intonations (consonnes) s'y trouvent par elles-mêmes ou par les suppléantes des touches. Aussitôt, l'allemand et le grec répondent au latin : nous avons tenu la même voie ; sous l'influence de la même idée que vous, nous avons employé les mêmes consonnes, non pas dans le même ordre que le vôtre,

(1) Il est bon de s'arrêter au mot *ex-pression* qui veut dire : sortie, éclat, jet, etc. ; le *Verbe* n'est que l'éclat ou jet de la pensée.

peut-être, mais empruntées des mêmes touches; *macht* et *praxé* sont, par conséquent, aussi logiques et aussi légitimes que votre *facit*, d'après le principe incontestable : qui veut la fin, veut les moyens proportionnés à cette fin ; qui veut la même fin, veut les mêmes moyens ou des moyens équivalents. Nous avons donc parlé dans l'*Unité* par *équipollence* de consonnes, et la variété de nos expressions, plus apparente que réelle, ne change rien à la nature du fonds.

Le raisonnement que nous venons de faire, s'applique à tout *Verbe*, sans exception, dans la nouvelle linguistique ; c'est aux élèves et aux professeurs de l'employer utilement au besoin.

IDÉE MATÉRIELLE DE LA CAUSE ; SA FORME ; FORME DES PRODUITS.

L'homme dont il s'agit ici uniquement, sous le rapport de l'*intelligence* et du *Verbe*, ne peut avoir, en tant que produit ou effet, d'autre idée que celle de producteur ou cause, par les lois immuables de la *Trinité* fondement éternel de l'existence, même possible. (Voy. pag. 2, etc.)

Dans cette nécessité, il nous faut bien comprendre ce que c'est que la *cause*.

D'après la belle définition de *Pascal*, la cause est une sphère (rondeur) infinie, dont le centre est partout, la circonférence, nulle part. Mais, comme notre petitesse ne saurait embrasser cette sphère infinie, c'est sous une image restreinte, matérielle, que nos sens doivent se la représenter (1). Or, un *globe* ou *cercle*, la figure la plus grande et la plus pleine que nous connaissions, *contient*, *enveloppe* et *domine* tout ce qui se trouve dans son sein. Pour produire, ce *globe* est obligé d'*éclater*, de se *rompre*, de s'*ouvrir* et de laisser *échapper*; donc, 1° tout mot qui offrira le sens de *globe*, *cercle*, *rondeur*, *cavité*, *plénitude*, *richesse*, *abondance*, *fertilité*, *lien*, *chaîne*, *union*, *assemblage*, *hauteur*, *supériorité*, *domination*, etc., etc, rappellera l'idée de *cause* (*cavsa*);

2° Tout mot qui marquera *éclat*, *rupture*, *bris*, *fracas*, *tapage*, *bruit*, *son*, etc., etc., devra désigner la *cause*, et demandera de fortes intonations en harmonie avec l'idée;

3° Enfin, tout mot qui marquera *fils*, *fruit*, *fleuve*, *sortie*, *saillie*, *échappement*, *brillant*, *lumière*, *jet*, *partie*, *petit*, *mesuré*, *contenu*, etc., etc., annoncera l'effet (*factus ex*), fait hors d'un autre, et par

(1) Cette idée matérielle sert de transition à l'idée morale par une ressemblance aperçue. Ainsi, nous disons métaphoriquement ou par figure que *Dieu* est la *source* des êtres, par comparaison avec une source dont le fleuve ne peut s'échapper et jaillir que par une ouverture pratiquée dans la montagne ou ailleurs. Hâtons-nous de dire que ces expressions figurées ne compromettent en rien la spiritualité de l'âme. Emprisonnée, pour ainsi parler dans le corps, servie par des organes matériels, l'âme est contrainte, jusqu'à un certain point, de matérialiser tout, et Dieu lui-même qu'elle se représente sous la forme humaine, sans doute comme la plus noble qu'elle connaisse. — D'autre part, tout le monde sait que le langage moral est exactement et nécessairement modelé sur le langage physique. L'esprit *travaille*, *creuse*, *approfondit* un sujet; l'âme est *grande*, *petite*, *souple*, *basse*, *hautaine*, *rampante*, *dure*, *tendre*, *insensible*, etc., etc.

contre-coup *logique*, au moyen de la relation, annoncera préférablement la cause ; *même* idée ; donc, *même* définition, *même* alphabet. (1)

Sans doute, les effets considérés en eux-mêmes, et quant à leur origine, se rangent logiquement parmi les *faibles*, les *petits*, les *contenus*, issus des *forts*, des *grands*, des *contenants*, dans les œuvres de la nature aussi bien que dans celles de l'art, et ils restent ainsi dans leur Trinité *spéciale* ; mais les formes qu'ils prennent entre les mains de la Providence ou dans celles de l'homme, les usages auxquels on les emploie, changent souvent leur rôle d'*effet* en celui de *cause*. Une *citrouille*, par exemple, est un *effet*, un *fruit* sorti de sa tige longue et rampante ; cependant, vu sa *rondeur* et sa *cavité*, elle se définit comme une *cause* avec laquelle sa ressemblance est frappante.

Dans les objets d'art, un *chapeau*, un *vêtement*, un *gilet*, une *cravate*, un *tonneau*, une *tour*, un *puits*, une *chemise*, une *chaussure*, une *maison*, une *bouteille*, etc., etc. ; dépendent immédiatement de leurs producteurs, par la loi Trinitaire, et sont réellement *effets* ou *produits* ; pourtant, vu l'usage qu'on fait de ces divers produits, pour *contenir*, *embrasser*, *prendre*, *garder*, ils se classent, la définition le prouve, dans la modification de *cause* dont ils imitent la fonction ; il survient alors comme une

(1) Nous nous bornons à cette vue générale, laissant le détail pour les dictionnaires rédigés d'après ce nouveau principe.

Trinité nouvelle. Si la cause *contient*, *enveloppe*, etc., le *chapeau*, le *vêtement*, le *gilet*, la *cravate*, la *chemise*, la *chaussure*, la *maison*, *contiennent* et *enveloppent*; si la *cause* laisse *sortir*, *échapper* de son sein; les *habits*, le *tonneau*, la *bouteille*, tous les *vases*, *creux*, *fond*, etc., laissent aussi *sortir*, *échapper*, *couler* de leur sein les personnes ou les choses qu'ils possèdent ou embrassent; *même* idée, donc, *même* définition et *même* alphabet.

De peur de fatiguer par de plus longs détails, nous passons au dictionnaire dont la division normale est déjà, sans doute, prévue : *Cause*, *effet*, *ouvrier*, *œuvre*, *source*, *fleuve*, *supérieur*, *inférieur*, *grand*, *petit*, *fort*, *faible*, *père*, *fils*, *producteur*, *produit*, etc.

Créateur, *créature*.

DICTIONNAIRE.

MOTS SIMPLES.[1]

A

A, ad, ab, abs.
Abbé.
Abyme.
Aboi.
Ab-olir.
Abrit.
Ab-sorber.
Abs-trus.
Acarus.
Acanthe.
Acide.
Actif.
Agrafe.
Aider.
Aigle.
Aiguille.
Ail, aulx.
Air.
Albâtre.
Alcali.
Alcove.
Alègre.
Al-gèbre.
Aller.
Altier.
Amadou.
Amande.
Amarre.
Ambe.
Ambre.
Ami.
Amict.
Amour.
Amphi.
Ampleur.
Ampoule.
Anatomie.
Ancre.
Angine.
Animal.
Année.
Anse.
Antérieur.
Anthologie.
Antre.
Avoir.
Aphte.
Apo-plexie.
Ap-peler.
Appuyer.
Apre.
Apte.
Aqueux.
Aratoire.
Arbître.
Arbre.
Arc.
Ardent.
Ardu.
Argent.
Argile.
Argument.
Argus.
Arithmétique.
Arme.
Arôme.
Arrhes.
Arsenal.
Art.
Artère.
Ascension.
Aspic.
Assez.
Asthme.
Astre.
Athlète.
Atre.
At-trition.
Auberge.
Audace.
Auditeur.

[1] Tous les mots sont simples, à peu d'exceptions près.

Auge.	Austère.	Avec.
Augment.	Autel.	Avide.
Auguste.	Autre.	Avril.
Auri-fère.	Avant.	Axiome.
Aussi.	Avare.	Azur.

B.

Babil.	Barre.	Bible.
Bac.	Barrette.	Bidon.
Bâche.	Bar (chaussure).	Biffer.
Bacler.	Basane.	Bi-jou.
Badaud.	Base.	Bille.
Badin.	Bazin.	Bis.
Bafouer.	Bastion.	Bise.
Bagage.	Bât.	Bitume.
Bague.	Bâteau.	Blâmer.
Bahut.	Bâtir.	Blanc.
Baie.	Battre.	Bled.
Bail.	Baudrier.	Blesser.
Bailler.	Bauge.	Blinder.
Bain.	Bazar.	Bloc.
Baiser.	Béant.	Blond.
Bal.	Beat.	Blouse.
Balandran.	Beau.	Bluter.
Balai.	Bec.	Bobèche.
Baldaquin.	Bèche.	Bobine.
Baliste.	Bédeau.	Boire.
Balle.	Beffroi.	Bois.
Balsamine.	Béguin.	Boisseau
Balustre.	Beignet.	Boëte.
Ban.	Bêler.	Bombe.
Bande.	Bélier.	Bon.
Banne.	Belliqueux.	Bonde.
Banse.	Berceau.	Bondir.
Baraque.	Berge.	Bonnet.
Baratte.	Bête.	Bord.
Barde (couvert).	Béton.	Bosse.
Baril.	Bette.	Botte.
Baron.	Beugler.	Bouc.
Barque.	Beurre.	Bouche.

Boucle.
Boudin.
Bouffe.
Bouillir.
Boule.
Bourdon.
Bourg.
Bourgeon.
Bourre.
Bourse.
Bouteille.
Bouton.
Boxer.
Boyau.
Braire.
Braise.
Brandir.
Branle.
Braquer.
Brave.
Brèche.
Bretelle.
Brette.
Brigade.
Brigue.
Brillant.
Brique.
Broc.
Brocard.
Broche.
Brodequin.
Broder.
Broncher.
Bronze.
Brosse.
Brou.
Brouette.
Broyer.
Bru.
Bruyant.
Bruler.
Brusque.
Brut.
Buanderie.
Bubon.
Budget.
Buffet.
Buisson.
Bulbe.
Bulle.
Bure.
Burin.
Busc.
Buste.
But.
Butin.

C

Cabale.
Cabane.
Cabaret.
Caban.
Cabestan.
Cabine.
Cable.
Cabrer.
Cabri.
Cabus.
Cacher.
Cadenas.
Cadis.
Cadogan.
Cafard.
Café.
Cafetan.
Cage.
Cahutte.
Caillot.
Caisse.
Cajoler.
Calcaire.
Cale.
Calebasse.
Calèche.
Caleçon.
Calfat.
Calice.
Calife.
Calme.
Calotte.
Calumet.
Camail.
Cambuse.
Camelot.
Campane.
Canapé.
Canal.
Cancan.
Cancer.
Candeur.
Canette.
Canevas.
Canezou.
Cangue.
Canif.
Canne.
Canon.
Canot.
Cantine.
Capital.
Câpre.
Capsule.
Capter.
Caque.
Caquet.

Carabine.
Carafe.
Carambole.
Carapace.
Caravane.
Carbet.
Carcan.
Carde.
Carène.
Caresse.
Carillon.
Carnet.
Carotte.
Carpe.
Carquois.
Casaque.
Casser.
Cata-combes.
Catholique.
Catir.
Cause.
Cautère.
Cavatine.
Cave.
Céder.
Cédrat.
Ceinture.
Célèbre.
Céler.
Célérité.
Cellier.
Cène.
Centre.
Cercle.
Cerner.
Certain.
Cerveau.
Cervical.
Chaine.
Chair.
Châle.

Chalet.
Chaleur.
Chaloupe.
Chamade.
Chamailler.
Chambre.
Chameau.
Champignon.
Charité.
Charme.
Chasser.
Châtier.
Chapeau.
Charançon.
Chardon.
Charger.
Chartre.
Chasuble.
Chat.
Châtaigne.
Château.
Chausse.
Chemise.
Chêne.
Cher.
Chercher.
Chez.
Chicorée.
Chique.
Choc.
Chœur.
Chopine.
Chou.
Ciel.
Ciguë.
Cil.
Cilice.
Cime.
Ciment.
Cingler.
Circum-cirrus.

Ciseaux.
Cité.
Citer.
Citerne.
Cithare.
Citron.
Citrouille
Civet.
Civière.
Clameur.
Clan.
Clapier
Claquer.
Clef.
Clergé.
Clin.
Clisse.
Cloaque.
Cloître.
Cloporte.
Clou.
Cloyère.
Club.
Coasser.
Cocarde.
Coche.
Codex.
Cœur.
Coffre.
Cognée.
Cohorte.
Coiffe.
Coin.
Col.
Colibri.
Colique.
Colle.
Colosse.
Comble.
Comète.
Comte.

Con-cert.
Con-cussion.
Con-fesser.
Cône.
Con-stiper.
Consul.
Con-trit.
Con-tusion.
Con-vergér.
Con-vulsion.
Copieux.
Copule.
Coq.
Coque.
Cor.
Corbeau.
Corail.
Corbeille.
Corde.
Corme.
Corne.
Corps.
Corvette.
Cosse.
Cotte.
Coton.
Cotret.
Cou-dre.

Couenne.
Couette.
Couper.
Cour.
Courbe.
Courge.
Couronne.
Cousin.
Coussin.
Couteau.
Couvrir.
Crabe.
Crampe.
Crâne.
Crasse.
Cratère.
Cravate.
Créateur.
Crécelle.
Chrèche.
Crédit.
Crême.
Crêpe.
Cresson.
Crête.
Creux.
Crever.

Cri.
Crible.
Cric.
Crin.
Crise.
Crisper.
Croasser.
Croc.
Croître.
Croquer.
Crouler.
Croup.
Croupe.
Croûte.
Crûche.
Crypte.
Crystal.
Cuiller.
Cuir.
Cuire.
Culotte.
Cultiver.
Cupide.
Curer.
Cutané.
Cuve.
Cygne.

D

Dague.
Daim.
Dame.
Damner.
Danger.
Danser.
Dard.
Dartre.
Décent.
Déchirer.
Défendre.

Dém-agogue.
Demeurer.
Démon.
Dense.
Dent.
Dépouille.
Despote.
Devin.
Diamant.
Diète.
Dieu.

Dire.
Disque.
Dodu.
Dogme.
Dolman.
Dôme.
Donc.
Donner.
Dorsal.
Drague.
Drame.

Drap.
Drogue.
Dru.
Duc.
Dune.
Dur.
Duvet.
Dynastie.

E

Eblouir.
Ecaille.
Ecale.
Echafaud.
Echalas.
Echapper.
Echarpe.
Echasse.
Echelle.
Echevin.
Echo.
Echappe.
Ecope.
Ecorce.
Ecouter.
Ecrevisse.
Ecraser.
Ecrin.
Ecrou.
Ecu.
Ecuelle.
Eden.
Edile.
Egal.
Elément.
Eléphant.
Embaucher.
Emétique.
Eminent.
Emonder.
Empêcher.
Empereur.
Emule.
Emulsion.
Encre.
Energie.
Enfler.
Engin.
Enigme.
Entamer.
Envahir.
Epais.
Epandre.
Epanouir.
Epaule.
Epée.
Eperon.
Ephod.
Epi.
Epice.
Epier.
Epieu.
Epine.
Eponge.
Epoux.
Epouvanter.
Ergot.
Escadre.
Escarbot.
Escargot.
Escarpin.
Espace.
Espalier.
Espoir.
Esprit.
Esquif.
Essieu.
Essor.
Estamper.
Estime.
Estoc.
Estomac.
Estompe.
Estropier.
Et.
Etable.
Etaler.
Etalon.
Eternel.
Eternuer.
Etoffe.
Etoile.
Etrangler.
Etre.
Etrier.
Etrille.
Etude.
Etui.
Excellent.
Exercer.
Expert.
Exploit.
Explorer.
Exprimer.
Expulser.
Exubérant.

F

Fable.
Fabricant.
Fâcher.
Faconde.
Fagot.
Faire.

Faisceau.
Faîte.
Falaise.
Falot.
Falourde.
Fameux.
Famille.
Fard.
Fardeau.
Fascine.
Faste.
Fatras.
Faulx.
Fauteuil.
Faveur.
Fidèle.
Fécond.
Fécule.
Fédération.
Feindre.
Félicité.
Fendre.
Fer.
Férir.
Ferme.
Ferment
Féroce.
Fertile.
Fervent.
Festin.
Feston.
Feu.
Feutre.
Ficher.

Fief.
Fier, re.
Figer, Ficher.
Filtrer.
Fisc.
Fistule.
Flacon.
Flageolet.
Flagrant.
Flairer.
Flanc.
Flambant.
Flatter.
Fléau.
Flèche.
Flétrir.
Fleur.
Flic-Flac.
Flûte.
Flux.
Foi.
Fomenter.
Fond.
Fonder.
Fontaine.
Forer.
Forêt.
Forger.
Former.
Fort.
Fossé.
Foudre.
Fouet.
Fougue.

Foule.
Four.
Fourrage.
Fourrure.
Foyer.
Frais.
Framée.
Franc.
Frapper.
Fraternel.
Frayer.
Frémir.
Frénétique.
Fréquent.
Frêt.
Friand.
Friction.
Fringant
Frire.
Friser.
Froc.
Froisser.
Frôler.
Froment.
Fronde.
Frotter.
Frustrer.
Fulminer.
Furet.
Fureur.
Fût.
Futaille.
Futaine.
Futaie.

G

Gabarre.
Gabelle.
Gabion.
Gâche.

Gaffe.
Gage.
Gagner.
Gai.

Gaîne.
Galant.
Galbe.
Galet.

Galette.
Galiote.
Galoche.
Galoubet.
Gamelle.
Gangrène.
Gant.
Garant.
Garde.
Garenne.
Gargousse.
Garnir.
Garrot.
Gàter.
Gaufre.
Gavotte.
Gazouiller.
Géant.
Gelée.
Gémir.
Gemme.
Gendre.
Genès.
Genou.
Geôle.
Gérer.
Gerbe.
Gercer.
Gerfaut.
Germer.
Gesier.
Gibbeux.
Gibelet.
Gibet.
Gilet.
Girandole.
Giraumont.
Giron.
Gîte.

Glace.
Glaire.
Glaise.
Glaive.
Gland.
Glande.
Glane.
Glapir.
Globe.
Gloire.
Glose.
Glouton.
Glu.
Gluten.
Gobelet.
Gober.
Godet.
Goinfre.
Goître.
Golfe.
Gond.
Gondole.
Gonfler.
Gorge.
Gosier.
Goudron.
Gouffre.
Goulot.
Gourdin.
Gourmand.
Gourmet.
Gourmette.
Gousse.
Goût.
Gouverner.
Gracieux.
Grade.
Grain.

Graisse.
Gramen.
Grammaire.
Grand.
Grappe.
Grappin.
Gratter.
Grave.
Gréer.
Greffer.
Grélot.
Grèle.
Grenouille.
Griffe.
Grille.
Grimper.
Grincer.
Grippe.
Grogner.
Gronder.
Gros.
Grotte.
Groupe.
Gruger.
Grumeau.
Gué.
Guêpe.
Guérir.
Guérite.
Guerre.
Guet.
Guêtre.
Gueule.
Guide.
Guimbarde.
Guinder.
Guitare.
Guttural.

H

Habile.	Harpe.	Horizon.
Habit.	Harpon.	Horreur.
Habler.	Hart.	Hospice.
Hâche.	Hâter.	Hostile.
Hagard.	Haut.	Hotte.
Haie.	Havre.	Houe.
Haire.	Hennir.	Houppe.
Hâle.	Herbe.	Houppette.
Haleine.	Hérétique.	Houspiller.
Halle.	Héritier.	Housse.
Hallier.	Héros.	Houx.
Hameçon.	Herse.	Hoyau.
Hanche.	Heurt.	Huche.
Hangar.	Hiatus.	Huer.
Hanse.	Hilarité.	Huile.
Happe.	Hisser.	Huis.
Haquet.	Histoire.	Huître.
Haras.	Homard.	Humus.
Hardes.	Homo-gène.	Hure.
Hardi.	Honneur.	Hurler.
Harem.	Hôpital.	Hutte.
Hargneux.	Hoquet.	Hydre.
Haricot.	Horde.	Hymne.
Harmonie.	Horion.	Hyper-bole.
Harnais.		

I

Idée.	Im-primer.	In-hérent.
Idem.	In-dulgent.	In-stigation.
Idiot.	Industrieux.	Ironie.
Igné.	In-fant.	Ivoire.
Ile.	In-fect.	

J

Jable.	Jaquette.	Jauge.
Jabot.	Jardin.	Javelle.
Jaillir.	Jars.	Javelot.
Jaloux.	Jaser.	Jéhova.
Japper.	Jatte.	Jeter.

Jeu.
Joie.
Joindre.
Joli.
Joufflu.
Joug.
Jour.
Joûte.
Juge.
Jugulaire.
Jumeau.
Jupe.
Jurer.
Jussion.
Juste.

L

Labeur.
Lac.
Lacérer.
Lacis.
Laine.
Laisser.
Lait.
Lambris.
Lame.
Lamenter
Lampe.
Lance.
Lange.
Langue.
Laper.
Lapidaire.
Lard.
Large.
Larynx.
Lascif.
Latitude.
Laudes.
Laver.
Layette.
Lécher.
Légal.
Légion.
Légume.
Lésion.
Lessive.
Lever.
Lévite.
Liberté.
Licet.
Lien.
Lierre.
Lieu.
Limace.
Lime.
Limpide.
Lisse.
Liste.
Litre.
Livre.
Locution.
Logique.
Loi.
Long.
Louchet.
Loup.
Loupe.
Lourd.
Lubrique.
Luire.
Lune.
Lustre.
Lutrin.
Lutter.
Luxe.

M

Mâcher.
Machine
Maçon.
Ma-done.
Madrier.
Maëstral (mis.)
Mafflu.
Magasin.
Magister.
Maillet.
Maillot.
Main.
Maint.
Maison.
Mâle.
Malle.
Mamelle.
Mandat.
Mandibule.
Mandrin.
Manger.
Manie.
Manne.
Mansarde.
Manteau.
Mantille.
Marbre.
Marchand.
Marcher.
Mare.
Marge.
Marital.
Marmite.

Marne.	Même.	Môle.
Marotte.	Mémoire.	Monde.
Marquer.	Menace.	Monder.
Marron.	Meninge.	Moniteur.
Marteau.	Mental.	Mont.
Martre.	Ménuisier.	Montre.
Martyr.	Mer.	Mocquer.
Masque.	Mérite.	Moral.
Massacre.	Merlin.	Mordre.
Masse.	Message.	Mort.
Mastic.	Messe.	Motte.
Mât.	Métal.	Mouche.
Matador.	Méthode.	Moudre.
Matelas.	Métier.	Mouiller.
Matelotte.	Mettre.	Moule.
Maternel.	Meule	Mousquet.
Mathématique.	Meute.	Mousse.
Matière.	Mica.	Mouvoir.
Mâtin.	Miel.	Mugir.
Matou.	Militant.	Muid.
Maturité.	Minaret.	Multiple.
Maxime.	Mille.	Munir.
Mèche.	Mine.	Muqueux.
Médecin.	Minot.	Musc.
Méditer.	Miracle.	Muscle.
Mégissier.	Mite.	Muse
Meilleur.	Mître.	Museau.
Mélodie.	Moire.	Mutiler.
Melon.	Moelle.	Mutuel.
Membrane.	Moisi.	Mystère.

N

Nacelle.	Nerf.	Nombre.
Nager.	Net.	Nones.
Nantir.	Niche.	Normal.
Narine	Nid.	Nourrir.
Narrer.	Nippes.	Noyau.
Nasse.	Niveau.	Noyer.
Nature.	Noble.	Nuage.
Navire.	Nœud.	Nuire.
Nectar.	Noix.	Nuptiale.
Neige.	Nolis.	Nuque.

O

Oasis.
Obésité.
Obole.
Ob.
Obus.
Octroi.
Oculiste.
Ode.
OEcuménique.
OEuf.
Of-fenser.
Of-fice.
Ognon.
Oindre.
Oiseau.
Olive.
Ogive.
Ombre.
Omo-plate.
Once.
Oncle.
Onde.
Onéreux.
Ongle.
Onguent.
Onomato-pée.
Onzi-ème.
Opérer.
Opimes.
Opiner.
Opter.
Optique.
Opulent.
Or.
Orateur.
Orbe.
Orchestre.
Ordre.
Oreille.
Organe.
Orgueil.
Orient.
Orme.
Orner.
Ornière.
Ortho-doxe.
Ortie.
Os.
Osciller.
Oseille.
Oser.
Ostensoir.
Oter.
Oui.
Ouir.
Ouragan.
Ourdir.
Ourler.
Ours.
Outil.
Outre.
Ouvrier.
Oxyde.

P

Pacha.
Pacte.
Pagne.
Pagode.
Paille.
Pain.
Pair.
Paître.
Pal.
Palais.
Palestre.
Palet.
Pallier.
Pallium.
Palpiter.
Pampre.
Pam-phlet.
Panaris.
Pan-dectes.
Panne.
Panse.
Pantalon.
Panteler.
Pantière.
Panthéisme.
Pantoufle.
Pape.
Papier.
Pâques.
Pacquet.
Paradis.
Parafe.
Par.
Parapet.
Parc.
Par-don.
Parent.
Parer.
Pariétaire.
Parler.
Par-oisse.
Paraître.
Partir.
Particule.
Parvis.
Passer.
Patache.
Patate.

Patent.
Patère.
Paternel.
Pathétique.
Pâte.
Patient.
Patin.
Patte.
Paume.
Pavillon.
Payer.
Pays.
Peau.
Pêcheur.
Pectoral.
Pécore.
Peigne.
Peintre.
Pelle.
Pelotte.
Pelouse.
Pénétrer.
Pensée.
Pension.
Pepin.
Per.
Percer.
Per-cussion.
Péril.
Perte.
Perruque.
Personne.
Peste.
Pétard.
Pétrir.
Pétulant.
Peuple.
Philo-sophe.
Phthisie.
Physique.
Picorée.

Pied.
Pierre.
Pieu.
Pignon.
Pile.
Piller.
Pilote.
Pin.
Pince.
Pinte.
Pioche.
Pi-pe.
Piquer.
Pirate.
Pirogue.
Piston.
Pitié.
Pivot.
Placard.
Place.
Plage.
Plaid.
Plaie.
Plaine.
Plainte.
Plaire.
Planète.
Plante.
Plastron.
Plat.
Plâtre.
Plausible.
Plébéien.
Plein.
Pleurer.
Plier.
Plomb.
Plonger.
Plume.
Plus.
Pneumatique.

Poche.
Poêle.
Poëte.
Poids.
Poignard.
Poil.
Poindre
Poing.
Poison.
Poisson.
Poitrine.
Poix.
Poli.
Police.
Polluer.
Poly-glotte.
Pompe.
Ponctuer.
Pondre.
Pont.
Port.
Porte.
Porter.
Pos-séder.
Poser.
Postuler.
Pot.
Potable.
Potasse.
Poteau.
Poterne.
Pou.
Pouce.
Poudre.
Pouls.
Poumon.
Pour.
Pourrir.
Pour-pre.
Pousser.
Poutre.

Pratique.
Pré, (prép.)
Pré.
Prédiction.
Pré-lat.
Pré-lude.
Premièr.
Prendre.
Près.
Pré-sage.
Presser.
Pré-sumer.
Présure.
Prê-ter.
Prêtre.
Preux.
Principe.
Prisme.
Prix.
Probe.
Pro-cès.
Proche.
Pro-digue.
Pro-duire.
Pro-fane.
Pro-fesseur.
Prompt.
Prône.
Pro-pager.
Pro-phète.
Pro-pice.
Propre.
Prose.
Pro-sterner.
prote.
Pro-tecteur.
Pro-tester.
Proue.
Prudent.
Prurit.
Psalmiste.
Puer, puant.
Puberté.
Puce.
Pudeur.
Pugilat.
Puissant.
Puits.
Pulpe.
Punir.
Pur.
Purger.
Pustule.

Q

Quai.
Quasi.
Quenouille.
Quérir.
Quiétude.
Quipos.

R

Rabbin.
Râble.
Rabot.
Race.
Racler.
Rape.
Radis.
Rafle.
Rage.
Raifort.
Railler.
Raison.
Rame.
Ramoner.
Rang.
Rapace.
Râpe.
Rapide.
Rapsode.
Raquette.
Raser.
Rat.
Rate.
Rateau.
Rati-fier.
Ra-vauder.
Rave.
Ré. (particule.)
Réel.
Rescif.
Recteur.
Re-fus.
Rein.
Religion.
Rem-part.
Re-paire.
Ré-pandre.
Ré-pit.
Ré-pondre.
Ré-puter.
Ressac.
Ré-staurant.
Rets.
Ré-verbère.
Ré-vérend.

Ré-vulsion.
Rhéteur.
Rhume.
Riche.
Rigide.
Rincer.
Rire.
Risquer.
Rituel.
Rivage.
Robe.
Robinet.
Roc.
Robuste.

Rochet.
Rogne.
Rogner.
Rognon.
Roi.
Rôle.
Rome.
Rompre.
Ronce.
Ronfler.
Ronger.
Roquille.
Rose.
Rostral.

Rôtir.
Rotonde.
Rouge.
Rouir.
Rouler.
Route.
Roux.
Rude.
Ruer.
Rugir.
Rumeur.
Ruiner.
Rustre.
Rythme.

S

Sabot.
Sabre.
Sac.
Safran.
Sagace.
Sagaie.
Sage.
Sagement.
Sagitaire.
Sagum.
Saillir.
Salade.
Salique.
Salle.
Salmis.
Sauver.
Sandale.
Sang.
Sangle.
Sanglier.
Sangsue.
Saper.
Sapin.
Sarba-cane.

Sarcler.
Sarment.
Sarrau.
Satan.
Satire.
Saule.
Sauter.
Sauvage.
Saveur.
Savoir.
Savon.
Sayon.
Scabreux.
Scalpel.
Scarabée.
Scarifier.
Sceller.
Sceptique.
Scheik.
Scie.
Scintiller.
Scorpion.
Scrophule.
Scrupule.

Scruter.
Sculpter.
Seau.
Sécante.
Se-couer.
Sé-duire.
Seigneur.
Sein.
Semence.
Sempiternel.
Sens.
Seoir.
Sépulcre.
Séraphin.
Série.
Seringue.
Serment.
Serpe.
Serpette.
Serrer.
Sève.
Sévère.
Sévices.
Sicaire.

Sicle.
Siffler.
Sillon.
Simarre.
Similitude.
Simple.
Simultané.
Siphon.
Sobre.
Soc.
Société.
Socle.
Sœur.
Sopha.
Soleil.
Solennité.
Solide.
Solvable.
Somme.
Sommer.
Sonner.
Sonder.
Sophiste.
Sorbe.
Sortir.
Souche.
Souci.
Soudan.
Soude.
Souf-frir.
Soufre.
Sou-lier.
Sour-cil.
Sous.
Spacieux.
Spectateur.
Sphère.
Sphynx.
Spirale.
Spirituel.
Splendeur
Spondée.
Spontané.
Sputation.
Stable.
Stipendier.
Stimuler.
Stipuler.
Stoïque.
Strophe.
Studieux.
Style.
Sub.
Sublime.
Sub-stance.
Sucre.
Superbe.
Sûr. (aigre.)
Suture.
Sym-bole.
Syn-taxe.
Sy-stème.

T

Tabis.
Table.
Tâcher.
Tact.
Taffetas.
Taie.
Tailler.
Talent.
Taloche.
Tambour.
Tamis.
Tampon.
Tancer.
Tante.
Taon.
Taper.
Tapis.
Taquin.
Taraud.
Tarir.
Tarte.
Tartre.
Tare.
Tasse.
Tâter.
Taureau.
Taverne.
Technique.
Tégument.
Teigne.
Teindre.
Téméraire.
Tempête.
Tendre.
Tenir.
Tenter.
Térébration.
Terrible.
Tête.
Texture.
Théâtre.
Théologie.
Tiare.
Tibia.
Tic.
Tige.
Timbale.
Tinter.
Tique.
Tirer.
Titiller.

Toc-sin.
Toge.
Toison.
Tolérer.
Tonner, ton.
Topique.
Toque.
Toquer.
Torpilie.
Torrent.
Torture.
Tôt.
Touffe.
Tour.
Tourbillon.
Tousser.
Tout.
Trabée.
Trafic.
Tra-hir.
Traîner.
Trame.
Tramer.
Tranchet.
Tranquille.
Trans.
Trappe.
Traquer.
Travail.
Tré-bucher.
Treille.
Tréma.
Trémie.
Tremper.
Trépas.
Trésor.
Tresser.
Tribu.
Tricher.
Tricot.
Trinité.
Trinquer.
Triomphe.
Tripes.
Trique.
Triturer
Troc.
Trombe.
Tronc.
Trône.
Trop.
Trophée.
Trou.
Troupe.
Trousse.
Trouver.
Truelle.
Tube.
Tubercule.
Tuer.
Tuf.
Tuile.
Tumeur.
Tumulte.
Tunique.
Turban.
Turbot.
Tuteur.
Tuyau.
Type.
Tyran.

U

Ubiquité.
Ulcère.
Ultérieur.
Un.
Urbain.
Urgent.
Urine.
Urne.
User.

V

Va.
Vaisseau.
Valeur.
Vallée.
Valse.
Van.
Vase.
Vautour.
Végétal.
Véhément.
Veine.
Véloce.
Velours.
Velte.
Vendre.
Vénérer.
Veneur.
Veniel.
Venin.
Venir.
Vent.
Ventre.
Verbe.
Verdir.

Vérité.
Vermeil.
Ver.
Vers.
Vers, (prép.)
Vertical.
Vertige.
Vertu.
Vessie.
Vesta.
Veste.
Vétéran.
Véto.
Vexer.
Viande.
Vibrer.
Victoire.
Vital.

Vierge.
Vigilant.
Vigueur.
Ville.
Vin.
Vindicatif.
Violent.
Violon.
Vipère.
Virer.
Viril.
Vis.
Viscère.
Visqueux.
Vite.
Vitre.
Voile.

Voir.
Voisin.
Voiture.
Voix.
Voler.
Volcan.
Volet.
Volonté.
Volume.
Volupté.
Volute.
Vomir.
Vorace.
Vous.
Vrille.
Vulgaire.
Vulnéraire.

X - Y - Z

Zèle.
Zéphyr.

Zinc.

Zône.

DIVISION DU DICTIONNAIRE.

Mots qui marquent l'*effet* ou *parties*

Fils.
Fleuve.
Fruit.
Petit.
Second.
Faible.
Court.
Mesure.
Vuide.
Feuille.
Rameau.

Onde.
Sous.
Pauvre.
Vain.
Fracture.
Partie.
Humble.
Rayon.
Pendre.
Bris.
Bref.

Pâle.
Fol.
Malade.
Privé.
Tomber.
Moitié.
Sot.
Sueur.
Fini.
Borne.
Limite.

Mollesse.
Bruit.
Fait.
Plainte.
Bout.
Bot.
Faute.
Fat.
Trève.
Pleurs.
Mort.
Tant.
Quand.
Ici.
Où, ou, oh, ah.
Le, la, les.
Toi, moi, lui.
Son, sa.
Eclat.
Frêle.
Pluie.
Singulier.
Rupture.
Doigt.
Peine.
Point.
Pas.
Lettre.
Signe.
Flot.
Goutte.

Sourd.
Av-eugle.
Boiteux.
Manchot.
Bègue.
Borgne.
Miette.
Mince.
Minute.
Heure.
Demi.
Que, Qui.
Quoi, Quel.
Bas.
Entre.
Honte.
Haine.
Pièce.
Fête.
Compté.
Temple.
Temps.
Fusion.
Faim.
Soif.
Fiente.
Fumée.
Vapeur.
Rosée.
Fuite.

Ténèbres.
Ombre.
Peur.
Crainte.
Faux.
Dont.
En. Ex.
De, ab.
Non.
Fracas.
Peu, moins.
Pli.
Lave.
Cendre.
Sombre.
pause.
Sans.
Ment.
Clin.
Classe.
Ce, ci, ça.
Poudre.
Lent.
Tard.
Après.
Post.
Homme.
Femme.
Sexe.
Etc, etc, etc.

FIN.

AE

www.ingramcontent.com/pod-product-compliance
Ingram Content Group UK Ltd.
Pitfield, Milton Keynes, MK11 3LW, UK
UKHW021148230726
13926UKWH00002B/999